Ulrich Schaffer *Ins Blaue wachsen*

Ulrich Schaffer

Ins Blaue wachsen

Gedanken zum Reifen

Liebe Eva-Maria,

Tag für Tag
durch Erleben zur Erfahrung reifen
zur Einsicht transzendieren
zum Sein erwacht:
als Seinsindividualität
im Leben sich erfüllen,
als Liebe ABBAS sich verströmen
und dabei in der Einheit sein!
Mit BMV liebendes Licht
Reinheit
Weisheit
Sei gesegnet für all Dein Wirken, liebe Ev,
und möge Dein neues Jahr Dir selbst weiter
den Weg weisen im Schutze der Engel, weiter als
ich Dir alles nahebringen darf.
Du bist behütet

Edition Schaffer im Kreuz Verlag

Deine [illegible] Förber

Ich spüre eine wachsende Faser in mir.
Ich bin umgeben von einer Form,
die ich füllen werde.
Ich werde nie wieder der sein,
der ich jetzt bin.

In Stärke bin ich eine Krone,
die den Himmel trägt.
In der Suche bin ich eine Wurzel,
die das Erdreich verwandelt.
In Zartheit bin ich eine Knospe,
deren Sehnsucht den Frühling bringt.

Ich durchstoße Ring um Ring,
Granitader und Moor.
Die Sonne erleuchtet mich,
und vom Regen bekomme ich
mein siebenfarbenes Kleid.

Die angelegte Wahrheit in mir
sucht ihren Ausdruck.
Es gibt Botschaften in mir,
die mich rufen
und Wege zu sich ebnen.
Mein Blut sendet Nachrichten an kommende Tage.

Und morgen erreiche ich meinen Traum:
ich komme in Gott an.

Das Blau erinnert mich
an das Wasser,
in dem meine Seele schwamm,
als Gott sie schuf,
ehe er Land und Wasser
voneinander trennte.

Ich war sein Gedanke.

Diesem und allen anderen Gedanken
gab er eine geheime Bewegung mit,
wie ein Wind,
  ehe es Luft gab,
wie ein Aufsteigen,
  ehe es unten und oben gab,
wie eine Explosion,
  ehe es Materie gab,

eine Bewegung,
damit nichts
von Sekunde zu Sekunde
gleichbleiben muß,
und er nannte diese Bewegung,
diesen grünen Stoß,

Wachstum.

Je tiefer das Blau,
das ich anstrebe,
desto strahlender
wird das Licht sein,
das ich noch mit meinem Leben auffange.

Gott ist in beiden:
Im Hintergrund
und im Licht.

Gott wächst so auf uns zu,
wie wir auf ihn zu wachsen.

Glaub denen nicht,
die keine Visionen haben.
Sie wohnen in ständigem Winter.
In den kahlen Ästen
sehen sie noch nicht die grüne Krone.
Ihre Angst malt alles grau.

Laß deine Vision
die Welt bunt färben.

Manchmal sterben wir ins Blau hinein.

Der Himmel ist keine Öffnung.
Sein Blau verspottet uns.
Wir scheinen nicht zu wachsen.
Das Leben schrumpft.
Wir haben keine Zukunft.
Nur der Ort, an dem wir stehen,
ist vorübergehende Zuflucht.

Doch gerade dann
wachsen wir
wie der Zaubersame im Märchen,
ohne es zu wissen.

Er erlebt Wachstum
auf dem silbernen Hintergrund des Todes.
Die Farben erhalten ihre Brillanz und Bewegung
von der Dunkelheit, die sie überwinden.
Er wächst nicht wie eine Lerche,
die sich in die Frühlingsluft schraubt.

Winde fegen durch ihn hindurch.
Worte verletzen seine Augen.
Feuer verbrennt seine Füße.
Sackgassen bieten ihm Verzweiflung an.
Er wird als verloren erklärt.
Er wird verlassen.

Doch in allem
steht er meistens aufrecht.
Er erscheint auf der Lebensseite.
Er fühlt nicht ständig seinen Puls,
er mißt sein Wachstum nicht
und ist doch größer geworden.

Ein Überlebender
und darum ein Herausforderer.

Ich lasse mich nicht unterdrücken
von denen, die Wachstum verneinen,
von Ideen, die das Entfalten verbieten,
von Gesetzen, die das Reifen verhindern.

Ich lasse mich nicht einschüchtern
von Vorschriften, denen es nur um Sicherheit geht.
Ich lasse mich nicht ersticken
von hübscher Mittelmäßigkeit.
Ich lasse mich nicht zurückhalten
von den Risikoscheuen.

Ich protestiere gegen die Verneinung des Lebens
und stürme weiter vor.
Wie sollen wir uns sonst treffen?
Das Übliche ernährt uns nicht,
und mitten im Überfluß werden wir sterben.

Ich werde mit mir selbst
in Verbindung treten
und mit besonderem Tastsinn
auf dich zu wachsen.
Ich werde dich mit dem inneren Auge sehen,
deine ungesprochenen Worte hören
und weiter als eine Meile mit dir gehen.

Ich werde unvorhersagbar sein
und leben.

Beschütze deinen Traum.
Geh sorgfältig mit ihm um,
er ist erreichbar.
Nimm deine Sehnsucht ernst.
Es ist Gottes Gegenwart in uns.

Sammle gerade dann Kraft,
wenn alles Wachstum erfroren scheint,
und dann, wenn die Zeit richtig ist,
brich wieder hervor
mit deinem kraftvollen Traum.

Färbe deinen Traum bunt,
gib ihm ein Wesen,
male dich in seine Mitte,
wo du hingehörst.

Fühle dich wohl bei dir,
so wie Gott sich bei dir wohl fühlt.

Gott mit dem grünen Daumen,
mein alter Gärtner,
ich breite meine Zweige aus,
um dir Schatten zu bieten,
damit wir reden können.

Meine Beziehung zu dir
war immer zweideutig.
Ich habe immer
unter deinem Gartenmesser gezittert,
aber dein Wasser habe ich mit Freude aufgenommen.
Es hat mich verletzt,
wenn du mich nicht beschützt hast
vor zerstörerischen Winden,
und doch traue ich deinen genauen Augen zu,
meine zukünftige Form zu entwerfen.
Ich ruhe in deinem Traum für mich.
Belohnen werde ich dein stilles Geflüster
(das mich ermutigt zu wachsen),
indem ich einen neuen Trieb
in die Luft dränge.

Und bevor die Winterkälte mich ergreift,
werde ich mich in eine Herrlichkeit werfen,
die dir den Atem verschlagen wird.
Ich werde fließendes Gold sein,
durchsichtiges Gelb,
ich werde eine Sonne hinter der andern sein
in jedem Blatt.

Hörst du,
daß ich zu dir in Farben spreche?
Lauschst du
auf die Liebesgebete meiner Blätter?

Wachstum,
nicht auf ein endgültiges Ziel zu
auf Kosten der Gegenwart.

Wachstum,
nicht weg von etwas
wie ein ängstliches Zurückschrecken.

Wachstum,
nicht als Pflicht,
nicht als Zeichen des Erfolges,
nicht als Beweis.

Aber als der natürliche Akt des Ausdehnens,
als Erfüllen der Welt mit Leben,
mit Sein
und Sein
und Sein.

Ich bin,
darum werde ich ständig.

…diese geheime, treibende Kraft,
aufwärts durch den Humus
in die Schichten des Erdlichts

…dieser stille und doch starke Schub
gegen alle Formen dauerhaften Todes
zur Freiheit hin

…diese zerbrechliche Auflehnung,
dieser alltägliche Zauber,
dieses gewöhnliche Wunder

…dieser Vorstoß ins Leben,
erkennbar an Farbe und Textur,
am Traum und an der Vision

…ein Grashalm…
…ein Weizenkorn…
…eine Riesentanne in einem Samen…

Es ist in dir,
gib ihm nach.

Das Gewicht,
das in allen Blautönen zu finden ist,
kommt auf mich zu.
Erst wiege ich mein Eigengewicht,
dann eine Tonne,
dann das Gewicht der Welt.
Ich bin zu schwer und kann nicht aufsteigen.
Alle Gebete wirken matt.
Gott ist zu hell
und zu vollkommen.

Ich schrecke zurück.
Ich schrumpfe und werde undurchlässig
für eine buntgesprenkelte Welt.
Ich werde Stein,
aber ein Stein im Durchgang,
unterwegs zum Bewußtsein.

Ich sinke tiefer und tiefer ins Blau.
Unterirdische Höhlen nehmen mich auf
auf meinem Weg zur anderen Seite.
Ich weiß, daß dort alle Schwere
in Leichtigkeit verwandelt wird.

Oh, wie ich springen und fliegen werde,
wenn ich die andere Seite erreicht habe.
Und ich werde ins Rot, Gelb und Grün sinken.
Aber Blau werde ich immer am liebsten haben,
weil es mir die Schwere gegeben hat
und diesen Stein das Fühlen und Bluten gelehrt hat.

Die Luft ist blau und einladend.
Wie ein gewichtloser Ballon
werde ich in sie aufsteigen
auf meiner Suche nach vollem Leben.

Mein Wunsch, durch und durch lebendig zu sein,
und deine Lebensenergie
sind eine unschlagbare Kombination.
Wenn wir sie zusammenfügen,
werden wir Momente erleben,
wo der Himmel sich uns öffnet.
Das Blau nimmt uns auf
und wird ein Stück unseres Herzens.

Fordere mich bis an die Grenze heraus,
wo alles Wachstum
auf einen Gott zu ist,
der größer ist
als dein und mein Gott.

Ich habe mich für das Leben entschlossen.
Ich habe mich entschlossen zu wachsen,
mehr als nur zu überleben.
Ich will durch den Nebel
zur Sonne wachsen,
zu diesem anziehenden Stern.

Ich habe mich entschlossen,
alles Zureden und Drohen
und die Wünsche, mich zu Stein zu machen,
nicht anzunehmen.
Ich will in Bewegung bleiben.

Ich habe mich entschlossen,
das Risiko am Abgrund entlang einzugehen,
Zwischenstadien durchzustehen,
schuldig zu werden
in meinen unvollkommenen Entscheidungen.
In meinem Blut zu erwachen,
den Überblick zu verlieren,
zu zögern, unsicher zu sein,
auch zu fallen.
Ich bin dabei zu lernen,
daß es kein Wachstum ohne Schmerzen gibt
und daß das Leiden viele Schattierungen hat.

Und doch habe ich mich entschlossen,
alle Hindernisse zu überwinden
und am Ende siegreich zu sein:
Ich bin das Kind, das Mann wurde
und dann wieder Kind.

Alles Wachsen ist Veränderung.
Wir lassen einen Zustand, eine Welt,
hinter uns
und begegnen der Angst vor dem Ungewohnten.
Eine Welt, in der Farben nicht mehr zueinander passen,
heilige Worte erschüttern
und Brüche zu Visionen werden,
nimmt uns auf.

Wir haben einen Bereich verlassen,
aber den neuen noch nicht erreicht.
Wir haben eine Sicherheit aufgegeben,
aber noch keine neue bezogen.
Über der staunenden Menge
läßt der Trapezkünstler eine Schaukel los
und, wenn sein Zeitempfinden gestimmt hat,
schnappt dann die andere Schaukel.
Das ist der Flug ins Wachstum.

Das ist der Wechsel,
in dem wir unsere Nacktheit
bis hin zum Schmerz empfinden.
Aber es gibt kein Wachstum, ohne zu springen,
ohne Brücken hinter sich zu verbrennen
und dann großäugig und fröstelnd
an einem neuen Ufer zu stehen.

Und doch,
ohne Wachstum
ist nichts.

Mit meinem Verstand
und mit meinem Herzen wissen,
mit meinen Fingerspitzen,
mit meiner Magengrube,
mit der Haut meines ganzen Wesens,

erleben wollen,
leben und noch einmal durchleben,
festhalten,
loslassen,
finden,
vergessen,

sind alles
auf geheimnisvolle Weise
Ausdrücke meines tiefen Wunsches
zu wachsen.

Ich gehe am Strand spazieren.
Die Wellen sind meine Brüder.
Ihre Körper, wie meiner, sind vorläufig.
Ihre Kämme sind eine letzte Erhebung.

Die Vögel sind meine Schwestern.
Ihre Flugzeit ist begrenzt, wie meine.
Und doch ist ihr Flug schon jetzt vollkommen.
Ihr Himmel ist hier.

Mein Leben ist Sand.
Fein und fließend
wird er irgendwann zu Ende
und unhaltbar sein.

So gehe ich durch mein Leben.

Gott,
ich bin genug gewachsen.
Ich will mein Streben aufgeben,
wenigstens für diesen Tag.
Ich bin zufrieden,
einer der vielen zu sein:
durchschnittlich,
mittelmäßig,
unsichtbar.

Ich will keinen Schmerz mehr.
Mein Körper ist zu langsam,
um das Licht zu erhaschen.
Meine Augen sind durch Tränen getrübt.
Wenn ich glauben soll,
daß Wachstum entscheidend ist,
dann muß ich erst gegen mich selbst angehen,
und das will ich heute nicht.

Heute,
wenigstens an diesem einen Tag,
meinem 14 575. Tag,
erlaube ich mir, von meinen Zielen zu ruhen,
von deinen Visionen für mich.
Laß mich einer der Millionen sein
auf einem üblichen, erträglichen Weg.

Ich bin unfertig. Ich bin in Arbeit.

Ich berühre meine Haut.
Manchmal ist sie noch so neu,
daß sie nicht weiß, was sie fühlt.
Lernen ist langsam.
Tonfälle zu entziffern,
verwandte Farbtöne zu trennen,
Muster zu erkennen,
versteckte Rhythmen zu entdecken,
das alles erfordert Zeit.

Ich bin langsam, Gott,
und doch werde ich dich nicht
um deine Geduld bitten,
weil du die Geschwindigkeit meines Wachstums
bestimmt hast.
Ich nehme mich so,
wie ich bin,
auch wenn ich selbst
meiner Vollendung im Wege stehe.

Mitten in meiner Ungeduld
erlebe ich auch den Trost,
der gerade von dem Langsamen ausgeht,
von dieser bedächtigen,
entschlossenen Schneckengeschwindigkeit.

Durchhalten,
da wo es unmöglich erscheint,
umgeben von dem, was uns zusetzt,
was uns mit Zerstörung überfluten will.

Festhalten
an dem Boden unserer Nahrung,
in Zweifel und Angst die Wurzeln tiefer treiben
und allem Widerstand zum Trotz sogar noch blühen.

Sich beschränken
auf die Verwandlung des Lichtes,
in der Photosynthese aus Licht und Erde
das Wunder der Blume erzeugen.

Gerade da,
wo wir meinen, es ginge nicht mehr,
in den Himmel steigen,
in die Weisheit ohne Ende,
in die Tränen der Freude.

Ich folge der Stärke meiner Sehnsucht
und werde zu einem Baum,
reich an Ästen und Blättern,
die die Luft erfüllen
auf ewig.

Mir wachsen Flügel,
und ich hebe ab wie ein Adler,
der keinen Ruheplatz braucht.

Ich liebkose die Erde
und werde zu einem Grashalm,
der in einem rollenden Feld steht,
das ohne Ende ist.

Ich feiere
Schönheit und Schatten des Lebens
von der Wurzel bis zur Krone.
Ich bewohne meine Sehnsucht
und schaffe Welt um Welt.

Gott ist manchmal in einem Baum,
der uns ins Leben ruft.

Alles Wachsen
führt zu Berührung,
berührt werden und berühren,
wo unsere Lebensenergien fließen.

Ich habe keine Zeit
für die Wartezimmer des Geschwätzes
oder um leere Gesten in die Luft zu stellen
oder so zu tun, als lebe man,
oder um religiöse Probleme zu lösen.

Wachsen heißt für mich,
eine Sehnsucht zu haben, die schmerzt,
schon durch Worte zerbrechlich zu sein
und das Risiko einzugehen, am Rand zu leben.

Aber nur so treffen wir uns.
Du und ich.
Unsere Zerbrochenheiten berühren sich,
und in unserem getrennten,
gemeinsamen Verlangen nach Licht
heben wir ab,
tanzende Engel mit schweren Füßen.

Ich folge meinem eingebauten Kompaß.
Ich schärfe meine Instinkte.
Ich überprüfe mein Steuerungssystem.
Ich lasse Ballast los.
Ich probe meine Flügel.

Ich will nicht in Kompromissen leben.
Ich bin auf dem Weg des Lernens.
Ich sehe, daß die Spiegel klarer werden.
Ich buchstabiere mich hin zum besseren Verstehen.
Ich will keinen illustren Stillstand.
Ich bin ständige Bewegung.
Ruhe ist die Bewegung des Wartens.

Ich habe nur ein Ziel: das Blau zu berühren.
Ich will Grenzenlosigkeit als meine letzte Haut.
Ich bin nicht zufrieden mit betäubenden Wiederholungen.
Ich will die Schneidkante,
die aufgehobenen Grenzen,
die drängende Vorhut,
die Unverschämtheit des Lebendigseins,
ein Stück des Unbelasteten.

Dies ist das Profil,
an das ich mich selbst erinnern muß.

Als träume er sich selbst,
so träumt er von Gott.
Und Gott ist der Wasserträger
und der Holzhacker.
Er ist der Gärtner mit Erbsen in der Hand.
Er ist die Weisheit in der Sonnenblume.
Er ist der Sprößling, erfüllt mit Energie.
Er ist der Mittelring der Riesentanne.
Er ist das Samenkorn,
ist das Chlorophyll,
ist

Er ist,
ist weiter,
dreht sich und wird sein eigener Traum,
wächst in das Blau der Blaus,
und mit Hilfe der Träumer
vollendet er den Kreis
und ruht endlich in seinem eigenen Rhythmus.

Es ist so weit zum anderen Ufer,
aber es ist erreichbar,
und so tauche ich meine Ruder wieder ein.
Der Tag rollt durch seine Farben,
von Blau zu Schwarz,
zu Licht und dann zurück zu Blau.

Wenn ich meine Augen öffne,
bin ich immer noch nicht da.
Aber dieser junge Tag lädt mich ein,
die neuen Chancen wahrzunehmen.
Die Wellen, über die ich gleite,
sind Schöpfungen des Lichts.
Das Blut,
das manchmal in den Wellentälern aufleuchtet,
ist meins.

Ich habe all dies schon tausendmal erlebt.
Jeder Tag hat seinen Preis und seinen Gewinn.
Die Reihe der Tage ist eine Perlenkette,
eine Serie aufgeklappter Messer.

Und doch werde ich nicht aufgeben.
Meine Hände schließen sich um die Ruder
in ihrem entschiedenen Krampf.
Ich lasse nicht los.
Ich konzentriere mich auf den dünnen Faden
zwischen meinen Händen und dem Lichtufer,
das in mir wohnt wie ein kristallener Berg.

Manche Tage sind gekennzeichnet
durch eine Heftigkeit des Wachsens.
Alles dehnt sich aus
und sprengt Grenzen.

Dann will die Luft
mit berstendem Leben erfüllt werden,
Leben so direkt und verzehrend,
daß niemand es zu unterbrechen wagt.
Es ist die Zeit des Lebens.

Doch dann gibt es auch Tage,
die unter einer bösen Macht zu leiden scheinen,
die alle Ansätze zum Leben zerstört.
Alles schrumpft und welkt.

Der Boden ist steinig. Wurzeln vertrocknen.
Alle Kraftstürme sind sinnlose Gebärden.
Schamlos sieht der Tod zu.
Und wieder wagt sich niemand zu unterbrechen.
Es ist die Zeit des Todes.

Und doch ist jeder Tag nötig,
um das komplizierte Muster fertigzustellen,
den Rhythmus nachzuempfinden,
in dem das Universum sich ausdehnt,
und den Widerhall des ersten Atemzugs
noch im Molekül zu hören.

Alles Wachsen
ist Springen
an mir selbst vorbei
auf eine Form zu,
die ich in seinem Spiegel
gesehen habe.

Dieses ganze Ich,
das geheilte
Ich-bin-Ich.
Lichtvoller Atem.

Ich begebe mich in die Hauptwurzel,
in die Seitenwurzeln, die Wurzelhaare.
Ich fließe durch die Venen des Stammes,
ich rinne in den Adern der vielförmigen Blätter.
Ich bin ein Zwerg auf einer wichtigen Sendung:
ich suche geheime Rezepte zum Wachsen.

Ich finde Geheimnisse, die jeder kennt:
eine Prise Beharrlichkeit,
ein Auge voll Beobachtung,
ein Maß an Rastlosigkeit,
eine Fülle an Sehnsucht,
einen Spritzer Leidenschaft.

Ich suche mir die blauste Stelle
in einem blauen Himmel
und ziele mich selbst an diese Stelle.
Dies ist ein Tag des Wachsens.

Ich werde von Luft leben
und die Energie der Sonne sammeln.
So will ich Kräfte anlegen,
um die schwarze Erde
in Farbkleckse zu verwandeln.

Ich will kein Stiefkind mehr sein
neben dem verzückten Gras,
das der fruchtbare Wind wogt und hält.

Ich werde in das Blau wachsen,
auf Gott zu,
bei dem mein Same gepflanzt wurde.
So werde ich den Kreis vollenden.

Nicht zu Stein werden.
Noch spüren können:
die Zärtlichkeit des Windes,
aber auch den Hagel,
das Absterben der Hände
und die zerreißende Sehnsucht.

Nicht zu Stein werden.
Noch durchlässig sein
für die Flüssigkeit des Lebens.
Gewebe sein, das atmet
und sich der Sonne hingibt,
auch auf die Gefahr hin,
zu zerplatzen vor Unhaltbarkeit
in der Fülle der Überreife.

Nicht zu Stein werden.
Noch wandern können und nicht festwachsen,
sondern die Luft als Straße erleben.
Aber damit auch den Schritt
am Abgrund entlang wagen.
Sogar das Fallen
als Vorrecht der Lebendigen erleben.

Nur der Wuchs ist übriggeblieben,
die Form, die es einmal gab.
Die Krone des Tals,
der Überblick, das Alter.

Aber er hat aufgehört zu wachsen.
Innen wird er verfaulen,
und ein Wind wird umstoßen,
was das Feuer hinterließ.

Was einmal Erhabenheit war,
ist jetzt nur ausgesetzte Oberfläche
und so leicht zu verletzen
durch feindliche Elemente.

Vergangenes Wachstum
ist nur eine verschwommene Erinnerung.

Wenn Gott kaum sichtbare Linien um mich zieht,
wenn der Horizont nur Andeutung ist,
wenn meine Gedanken leicht genug sind zu fliegen,
wenn Sanftheit ein Hauch auf allen Dingen ist,
dann werde ich ein Spiegel für Gott.

Er erkennt mein Wachstum.
Er traut mir.
Er weiß, daß ich seine Sanftheit erwidern werde.
Vergrößern werde ich
das Licht, das Leben und die Liebe
in seinem Bild,
das ich in mir trage.

Aufsteigen und schweben
wird er in meinem Herzen.

Ich wachse
durch immer kühlere Schichten
vom Mittelpunkt der Erde nach außen.
Ich kämpfe mich durch glühende Erze,
riesige unterirdische Meere,
unzählige Schichten Schiefer,
durch Skelette der Vergangenheit,
die nicht gestört werden wollen.

Mir wachsen Zähne,
Flossen, Flügel
und endlich Augen.
Ich werde.

Gott, ich hoffe,
daß du mich nicht verlierst
auf dieser langen Reise
durch die Verwerfungen der Erde,
auf dem Weg ins Licht,
und daß du eine warme Decke
aus Schafwolle
für mich bereithältst,
wenn ich fertig bin.

Verrückt
trifft der Blitz
das vorsichtige, langsame Wachstum,
wie ein rücksichtsloser Hai seine Beute.
Plötzlich
geht es nur noch ums Überleben.

Es ist nicht die Zeit zum Blühen.
Die Wurzeln suchen verzweifelt nach Wasser,
um Nahrung herbeizuschaffen
für die Heilung der Todeswunde.
Nadeln werden abgestoßen,
um die Energie, die Lebenskraft,
auf eine Stelle zu konzentrieren.

Die zerborstene Borke schreit
wie offenes Fleisch
nach Leben.

Nur das nackte Auge
zuckt hilflos.
Der wortlose Schrei
hängt in der kalten Luft
wie ein zerschlissenes Herz.

Ich erlebe die Zärtlichkeit
einer Filigranwelt,
ein mit Seide und Spitzen
durchwirktes Blau.
Gehauchte Farben.

In großer Aufmerksamkeit
dehnt sich das Leben aus.

Jede Knospe mißt die Wärme der Sonne
in Bruchteilen von Graden
und weiß genau,
wann es Zeit ist, aufzuspringen.

Es scheint,
als ob Stille
die Mutter
und Geduld der Vater
des Wachstums seien.

Gott,
ich weigere mich,
manche Wege noch zu bereisen.
Ihre Bequemlichkeit ist der Tod.
Ich werde die Sicherheit
ihrer Markierungen verlassen.

Ich bin ein Mensch mit einem Einsatz.
Ich trage meine Sehnsucht
wie eine Blume von dir.
Ich bin bereit.
Ich versuche, auf deinen Wind zu achten.
Ich lerne das Loslassen.
Ich habe das Wachsen gewählt
quer durch den Schmerz
mit seinem Schweigen und seiner Blindheit.

Gott,
behandle mich
wie jemand,
nach deinem Bild geschaffen,
der auf dich zu wächst.
Hilf mir,
an mich zu glauben,
so wie du
an dich glaubst.

Sie lebt in drei Welten:
die grüne Welt des Wachsens,
ihr Frühling,
die gelbe Welt des Niedergangs,
ihr Herbst,
die dunkle Welt des Todes,
ihr Winter.

Sie lebt an allen Fronten,
fordert die Farben heraus,
echter zu sein.
An guten Tagen versteht sie,
daß es so sein muß.
In der Spannung
gibt eine Welt der anderen Bedeutung.

Sie weiß,
daß alles zu dem Kreis gehört,
in dem Leben aus dem Sterben
und Sterben aus dem Leben fließt.

Ihr Ziel ist es,
die Farben und Phasen so ineinander zu finden,
daß alle Kreise
auf einen Punkt zu spiralen
und die Erfüllung sichtbar wird.

Mir selbst fremd,
lege ich doch die Arme
um das Unvermeidbare.
Auge in Auge
begegne ich dem,
was auf mich zukommt.

Es gibt Wege ohne Engel.
Manche Nächte sind dunkel
und lassen böse Hunde los.
Es gibt Tage ohne Musik,
sie dröhnen durch meine Kopfschmerzen,
die sich wie eine endlose Ebene ausdehnen.
Ich kann nicht lachen.
Ich habe nicht genug Tiefe, um zu weinen.
Alles ist ein flaches Grau.
Ich suche nach den Farben
einer zauberhaften Kindheit.

Aber ich weiß,
daß ich am Ende
durch diese fremden Momente wachsen werde.
Und wachsen heißt
an der Vision festhalten,
nicht aufgeben
in dem Schmerz hier und jetzt.

Drinnen möchte ich sein
in meiner Hand.
Dann wird aus dem Fleisch,
aus den Knochen und Sehnen
eine Liebeshand,
die zärtlich führt.

Drinnen möchte ich sein
in meinen Augen,
dann wird aus Iris und Pupille
der Liebesblick,
der ins Leben ruft.

Drinnen möchte ich sein
in meinen Worten,
dann wird aus Buchstaben und Silben
eine Geschichte der Liebe,
offen und bunt,
in der jeder eine Heimat findet.

Ich möchte in mir leben.
Ich möchte sein, wo ich bin.
Und wenn ich wirklich für mich bin,
bin ich auch immer für dich.

Unterwegs
zu einem liebenden Verhältnis
zu sich selbst
wuchs er vorbei an allen Formen des Lichts
durch zur anderen Seite seiner selbst,
in den Schatten hinein,
diese dunkle Seite,
voller Geheimnis und Angst.

Da
lernte er seinen Schatten zu umarmen,
mit ihm zu sprechen,
zu begreifen, daß auch ein Schatten
seine ganz eigene Lichtqualität besitzt.
So brachte er seinen Schatten heim zu sich.
Er liebte ihn wie einen Sohn,
wie einen Freund.
Er nahm ihn in seine Mitte auf,
in sein Wesen,
und wurde so vollständig.

Alles, was lebt,
wirft einen Schatten.

Manchmal möchte ich zurück
zur alten, warmen, bekannten Welt,
so wie es einmal war.
Dann färbe ich jene Welt mit Träumen,
ich gebe ihr Flügel,
ich lasse sie blühen.
Sie leuchtet.
Ich mache sie zu einem Bett
für meine müde Seele.
Ich übersehe ihren Todesanteil
und retuschiere die Gestalt ihres Herzens.

Aber wenn ich mich tatsächlich
in diese Welt begebe,
verschwindet ihre Farbe,
und Schwarz will mich verschlucken.
Die Flügel werden zu Krallen,
die meine Haut schon ritzen.
Die Blüten sind Blutflecken.
Diese Welt hat das Licht verschluckt.
Das Bett wird zu einem Totenbett,
und der verdrängte Tod
wird ein allmächtiger Schatten.
Das Herz erweist sich als Säugling.

Ich gebe meine Flucht zu.
Alle wahre Bewegung führt vorwärts.
Schon Ruhen kann Weglaufen sein.
Und so begebe ich mich wieder auf die Reise,
in das Labyrinth der Möglichkeiten
vor mir.

Ein Fenster ist noch offen,
das Fenster in die Hoffnung,
in die Vision und die Träume,
in das unvorstellbare Blau,
in das reiche Nichts
am Rande des Werdens.

Auf meiner Reise durch diese Zeit
kann ich die Mittelmäßigkeit ablehnen,
die Anpassung und Unterordnung,
ich kann dem herzlosen Wiederholen widerstehen,
der Gewohnheit der Liebe entgegentreten
und nein sagen zu allen Todesgeschäften.

Und ich werde dem Fenster keinen Namen geben.
Ich will es nicht eingrenzen,
sondern nur „mein blaues Fenster“ nennen
und es weit aufstoßen

in mir.

Das Blau des Meers
in seiner ewigen Wiederkehr
und Kreisbewegung um eine geduldige Welt;

das Blau der Lupinen,
eine Reihe Wegweiser
durch die Wildnis;

das Blau deiner Augen,
meine Geliebte,
eine Welt voller Abenteuer;

der einzigartige Blauton
des Blaufuchses und Eichelhähers,
der Kornblume und des Blauwals,
der Blaumeise und des Lapislazuli,
jedes wie ein Stück Himmel,
wie ein Tropfen Wasser;

das Blau eines Bergsees,
dieses einzelne Auge Gottes,
umgeben von seinem Bruder,
dem randlosen Grün;

das abgestufte Blau der Bergketten,
die bei zunehmender Dunkelheit
nach Hause rufen;

das Blau aller Schatten,
wie Licht in Reserve,
das darauf wartet,
in Pracht zu explodieren.

Jedes Blau spornt mich an zu wachsen,
über das Blau hinaus
in das Licht zu wachsen,
in dem alle Farben aufgelöst werden
durch seine helle Gegenwart.

Nachwort

Schreiben und photographieren heißt etwas Schlummerndes berühren. Ein Potential, eine neue Möglichkeit. In mir liegt ungepflügte Erde, ein unbestelltes Feld. Ich bin ein Lernender, ein Neuling im Prozeß des Lebens, auch wenn ich schon 41 Jahre alt bin. Ich bin umgeben von Geheimnissen und sehne mich nach einem bewußteren Verständnis der Welt. Ich möchte auf das Leben um mich reagieren und wünsche mir, daß meine Reaktionen frisch, lebendig und persönlich sein könnten und nicht stereotyp und vorhersagbar. Zu entdecken, was in mir schlummert und was ich nicht kannte, heißt erneuert werden, anders leben, wachsen. Ich bin auf der Suche. Ich schreibe und photographiere, um mir eine Heimat in der Welt zu schaffen, auch wenn ich weiß, daß ich hier nicht ganz zu Hause sein werde und daß meine Zeit begrenzt ist. Dieses Empfinden eines Heims und einer Heimat versuche ich im Leser/Betrachter herzustellen.

Manchmal frage ich mich: Warum diese Zeile schreiben? Warum diese Aufnahme machen? Welchen Zweck hat es? Und immer wieder spüre ich, daß diese Handlungen etwas mit Kommunikation zu tun haben. Mensch sein heißt Kontakt aufnehmen, versuchen zu kommunizieren, miteinander zu teilen, einander wissen zu lassen, wo man steckt. Wenn ich mich dem anderen mitteile, breche ich aus meiner Isolierung aus. Ich höre auch, wo andere in ihrem Lebensprozeß stehen, wie sie ähnlichen Situationen begegnen und mit ihnen umgehen. Ich höre und sehe ihre Erkenntnisse und Einsichten. Dieses Sich-einander-Mitteilen steht immer wieder im Zentrum meines Lebens, auch wenn ich vielleicht weit weg von meinen deutschen Lesern, an der Westküste Kanadas, in der Abgeschlossenheit meines Arbeitszimmers meine Texte schreibe. Es ist meine Art, die Hand auszustrecken, und ich wäre viel ärmer, wenn ich es nicht hätte.

Dies ist ein Buch über Wachstum in seinen vielen Formen. In Schmerz und Freude, in allem Zögern und in der Bereitschaft. Nichts hat mich in den letzten Jahren so fasziniert wie die Frage: Was könnte es heißen, wirklich erwachsen und reif zu sein? Aus diesem Grund fielen mir manche Texte zu, während andere „überredet" werden mußten, sich gestalten zu lassen. Ich möchte herausfordern und mich herausfordern lassen, ich möchte über das Mittelmäßige hinauswachsen, Stufen und Phasen hinter mir lassen, Neuland betreten. Auch in meiner Photographie fühle ich mich stark angezogen von wachsenden Dingen, besonders von Bäumen, und so konnte ich meine Wachstumsgedanken auch photographisch gestalten.

Ich freue mich auf neue Ebenen, neue Einsichten und neue Erlebnisse, die ich mir jetzt noch nicht vorstellen kann.

Ulrich Schaffer
Burnaby, British Columbia, Kanada

Anmerkungen Ulrich Schaffers zu seinen Photos

4 Eiche, Kalifornien. Blau, grün, gelb: Farben, die mir das Starke und doch Zarte des Lebens vermitteln.

7 Platane, Celle. Alles an diesem Baum schien nach oben, zum Licht, ins Blaue zu streben.

9 Strandhafer an der Oste, Norddeutschland, 1980. Ich mußte mich auf die Erde legen, um die Kamera fast direkt in die Sonne zu richten und so das Silber an den Gräsern einzufangen. Auf dem Originaldia war die Sonne sogar ein wenig drauf. Ich habe den Himmel unterbelichtet, um das Silber stärker hervorzuheben. Ich hatte mir das Endresultat in etwa so vorgestellt, war aber doch überrascht, als ich es sah. Für mich gehört die Überraschung untrennbar zur Photographie dazu.

11 Lupinen, hinter unserem Haus in Burnaby, British Columbia, 1983. Einige Tage lang versuchte ich den sanften Zauber der Lupinen mit der Kamera einzufangen. Zur Veröffentlichung habe ich mich für dieses Photo entschieden, weil es viel Zartheit ausdrückt. Es ist eine Doppelbelichtung. Eines der zwei Bilder ist kürzer belichtet worden und läßt es darum in den Hintergrund treten. Für die zweite Aufnahme habe ich den Blickwinkel der Kamera etwas verstellt. Für Nahaufnahmen wie diese ist es fast unumgänglich, ständig durch den Kamerasucher zu sehen, bis man das passende Motiv gefunden hat. Es ist unmöglich, sich das Bild genau vorzustellen. Das Verschieben der Kamera um einen Zentimeter verändert das Bild total.

13 Kiefernzweige und ihre Spiegelungen in einer Pfütze, bei Long Beach, British Columbia, 1981. Die braunen Steine im Vordergrund erinnerten mich an Vogeleier im Nest. Weich, warm, beschützt. Für mich ist es ein Bild von Geborgenheit.

15 Ahorn und Nadelbäume, bei Seton Portage, British Columbia, 1982.

16 Eiche, bei Santa Maria, Kalifornien, 1983.

19 Espen in den San-Francisco-Bergen von Arizona, 1980. Die hellen Stämme auf dem Schnee gefielen mir.

21 Birke, bei Squamish, British Columbia, 1982.

23 Cotoneaster-Beeren, Burnaby, British Columbia, 1982.

25 Herbstwald bei Hamburg, 1980.

26 Steine im Widgeon Creek bei Vancouver, British Columbia, 1982.

29 Espen, San-Francisco-Berge, Arizona, 1980. Dies ist eigentlich ein Bild des blauen Himmels. Die weißen Stämme betonen das Blau nur noch.

31 Nebel im Stanley Park, Vancouver, British Columbia, 1979. Im Oktober und November hängt der Nebel im Park, der ganz von Wasser umgeben ist, bis die Sonne ihn am späten Vormittag auflöst. Im Lauf des Vormittags wird der Nebel darum meistens zunehmend dünner. Oben links ist schon ein Stück blauer Himmel zu sehen. Das gibt dem Nebel eine fast durchsichtige Qualität. Die wollte ich einfangen.

33 Spiegelungen skelettartiger Bäume, Nahatlatch Lakes, British Columbia, 1981.

35 Steine, Point Lobos bei Carmel, Kalifornien, 1983. Die Küste des Pazifik ist hier durch die ausgewaschenen Steine besonders interessant. Dieser Strand heißt Weston Beach, in Erinnerung an Edward Weston, den amerikanischen Photographen, der hier viel gearbeitet hat.

36 Strand mit Möwen an der Pazifikküste von Oregon, USA, 1979. Ich stand hier etwa hundert Meter über der Küste auf einem Felsen und photographierte nach unten, daher die Perspektive.

39 Dünengräser, Oregon, 1979. Dies ist wahrscheinlich das anspruchsvollste Photo im Buch, weil nur so wenig auf dem Photo drauf ist. Ich habe das Bild eine Düne hoch geschossen und die Kamera so gestellt, daß der Himmel eine gerade blaue Linie über der Düne wurde. Es erinnert mich an einige moderne, abstrakte Maler, die mit starken, breiten Horizontalen arbeiten. Ich wollte gerade den Kontrast zwischen dem tiefen, schweren Blau und den zarten Gräsern. Das Bild ist eine Studie in Verletzbarkeit.

41 Birkenblätter bei Squamish, British Columbia, 1982. Um die Weichheit im Bild zu erreichen, baute ich die Kamera so auf, daß einige der Herbstblätter fast das Objektiv berührten. Durch die Nähe wurden sie unscharf, und eben nur einige wenige Blätter, weiter vom Objektiv entfernt, wurden scharf. Es interessierte mich weniger, eine Birke zu photographieren; ich wollte versuchen, eine innere Landschaft sichtbar zu machen.

43 Lupine, Burnaby, British Columbia. Die Lupine stand vor dem dunklen Hintergrund des Waldes. Ihre ganze Form ist wie ein Pfeil, ein Lichtpfeil, der nach oben zeigt.

44 Lärche im Herbst im Engadin, Schweiz. Besonders gefiel mir das Blaugrün des Hintergrundes. Es ist ein Berghang, der im Schatten liegt.

47 Buchen, Rotenburg/Wümme, 1983. Dies ist eine Doppelbelichtung. Zu der normalen Belichtung fügte ich eine zweite, unscharfe hinzu. Durch die unscharf gestellte zweite Aufnahme hoffte ich eine Art Leuchten auf den Buchen zu erreichen, um das Licht, das in den Wald fiel, auszudrücken. Ich wollte den Wald „verklären".

49 Espen im Schatten, bei Clinton, Cariboo, British Columbia, 1977.

51 Stein mit Spiegelung im See, Garibaldi Lakes, British Columbia, 1980. Ich wollte ein leicht surrealistisches Bild – so ließ ich den Stein „schweben".

53 Boot auf der Insel Rhodos, Griechenland, 1978. Ich richtete die Kamera stark nach unten, um mehr Vordergrund im Bild zu haben. Die Steine sollen den Betrachter ins Bild führen. Der Vorgang wird dann im Text wiederholt.

55 Buche mit starkem Rauhreif, Schauinsland bei Freiburg, Schwarzwald, 1982. Dieser Höhenrücken ist starken Winden ausgesetzt, und so baut sich der Frost in faszinierenden Formen an den Bäumen auf.

57 Bei Pitt Lake, British Columbia. Ich habe schon lange eine Vorliebe für Gräben gehabt, die einen in die Landschaft hineinführen. Dieser Graben und auch das tiefe Blau der Spiegelung im Vordergrund kann auch in eine innere Landschaft führen.

59 Espen bei Sonnenuntergang, Clinton, British Columbia, 1977.

60 Baum und blauer Himmel, Monument Valley, Arizona, 1980.

63 Verwittertes Holz und wilde Blumen, am Zusammenfluß des Taseko und Chilko, British Columbia, 1982.

64 Toter Baum, Botanie Valley, British Columbia, 1982.

67 Landschaft mit sanften Linien, auf Nordstrand, 1983. Ich wurde durch die ganz einfachen Linien dieses Motivs angezogen. Der Nebel trug dann noch etwas Geheimnisvolles zu der Einfachheit bei.

69 Sonnenuntergang bei Goslar, 1982. Ich fuhr durch den Harz und merkte, daß der Sonnenuntergang besonders gut werden könnte. Ich hatte gerade noch genug Zeit, auf einen kleinen Landweg zu fahren und mir einen Vordergrund zu suchen. Die toten Äste der umgefallenen Bäume hatten etwas Bedrohliches, aber auch Uranfängliches an sich. Den Gedanken des Uranfangs habe ich dann in dem Text wieder aufgenommen.

70 Vom Blitz getroffener Baum, Botanie Valley, British Columbia, 1981.

73 Espen im Frühling, San-Francisco-Berge in Arizona, 1980. Dies ist eine Doppelbelichtung. Nach der ersten Aufnahme verschob ich die Kamera ein wenig. Ich wünschte ein Bild in Pastellfarben mit sanften Linien als Ausdruck einer inneren sowie einer äußeren Welt.

75 Eiche bei Jolon, Kalifornien. Beim Photographieren erlebe ich es manchmal, daß ich hineingezogen werde in das Motiv. Hier war es so, besonders die Borke mit ihrer Widerstandsfähigkeit und Stärke zog mich an.

77 Dreifarbiger Baum, bei Lillooet, British Columbia, 1982.

79 Eiche in einem See bei Jolon, Kalifornien, 1983. Dies ist ein abgelegenes, wenig bereistes Gebiet, übersät mit herrlichen Eichen.

80 Saltspring Island, British Columbia. Rinde eines Arbutus-Baumes.

83 Eiche im Teufelsmoor bei Worpswede.

85 Sonnenuntergang über Dünen am Pazifik, Oregon, USA, 1979.

87 Landschaft nördlich von Flagstaff, Arizona, 1980.

88 Blätter in einer Pfütze, Vancouver, 1982. Mich zogen die bunten, sterbenden Blätter einerseits und der blaue, lebendige Himmel andererseits an. Das Leben spielt sich ja auch ständig in dieser Spannung ab.

3. Auflage (26.-29. Tausend) 1990

Alle Fotos: Ulrich Schaffer
Gestaltung: HF Ottmann
Reproduktionen: W. Gölz, Ludwigsburg
Druck: Süddeutsche Verlagsanstalt, Ludwigsburg
ISBN 3 7831 0752 0

Inhalt

Ich spüre eine wachsende Faser in mir 5
Das Blau erinnert mich 6
Je tiefer das Blau 9
Gott wächst so auf uns zu 10
Manchmal sterben wir ins Blau hinein 12
Er erlebt Wachstum 14
Ich lasse mich nicht unterdrücken 17
Beschütze deinen Traum 18
Gott mit dem grünen Daumen 20
Wachstum, nicht auf ein endgültiges Ziel zu 22
...diese geheime, treibende Kraft 24
Das Gewicht, das in allen Blautönen
zu finden ist 27
Die Luft ist blau und einladend 28
Ich habe mich für das Leben entschlossen 30
Alles Wachsen ist Veränderung 32
Mit meinem Verstand 34
Ich gehe am Strand spazieren 37
Gott, ich bin genug gewachsen 38
Ich bin unfertig 40
Durchhalten 42
Ich folge der Stärke meiner Sehnsucht 45
Alles Wachsen führt zu Berührung 46
Ich folge meinem eingebauten Kompaß 48
Als träume er sich selbst 50
Es ist so weit zum anderen Ufer 52
Manche Tage sind gekennzeichnet 54
Alles Wachsen ist Springen 56
Ich begebe mich in die Hauptwurzel 58
Ich suche mir die blauste Stelle 61
Nicht zu Stein werden 62
Nur der Wuchs ist übriggeblieben 65
Wenn Gott kaum sichtbare Linien
um mich zieht 66
Ich wachse durch immer kühlere Schichten 68
Verrückt trifft der Blitz 70
Ich erlebe die Zärtlichkeit 72
Gott, ich weigere mich 74
Sie lebt in drei Welten 76
Mir selbst fremd 78
Drinnen möchte ich sein 81
Unterwegs 82
Manchmal möchte ich zurück 84
Ein Fenster ist noch offen 86
Das Blau des Meers 89

Nachwort 91
Anmerkungen zu den Photos 92

Ulrich Schaffer · Ich ahne den wechselnden Weg
Im Tagebuch sich selbst begreifen
160 Seiten, kartoniert
ISBN 3-7831-0793-8
»Ich ahne den wechselnden Weg« ist ein Tagebuch mit einer langen Anleitung für das eigene Tagebuchschreiben.

Ulrich Schaffer · Ich will zart sein mit dir
Verzaubern · Enttäuschen · Erwachen · Lieben
217 Seiten mit 40 Schwarzweiß-Fotos, kartoniert
ISBN 3-7831-0775-X
»Ich will zart sein mit dir« ist besonders für die, die aktiv in Beziehung leben und sich selbst und ihren Partner besser verstehen wollen.

Ulrich Schaffer · Beten über Worte hinaus
156 Seiten, gebunden
ISBN 3-7831-0902-7
Allen, die das Beten mit den überlieferten Worten verlernt haben, aber auf der Suche nach neuen Formen des Gebets sind, gibt Ulrich Schaffer in diesem Buch eine überzeugende Ermutigung.

Wilhard Becker/Ulrich Schaffer
Ganz anders könnte man leben
Perspektiven der Hoffnung
120 Seiten, kartoniert
ISBN 3-7831-0753-9
»Ganz anders könnte man leben« ist ein Sachbuch, in dem Wilhard Becker und ich einmal formulieren wollten, was jeder von uns denn glaubt und wie wir die Welt sehen und erleben.

Ulrich Schaffer · Growing into the blue
96 Seiten mit 43 farbigen Fotos, gebunden
ISBN 3-7831-1031-9
Dies ist die englische Fassung des Ulrich Schaffer-Bandes »Ins Blaue wachsen«. Ein ungewöhnliches Geschenkbuch für Menschen, die sich anrühren lassen vom Schönen: auf einem Weg des Wachstums, der ihr eigener werden kann.

Ulrich Schaffer · Wenn Mauern fallen
Die Feier der Freiheit
112 Seiten, kartoniert
ISBN 3-7831-1034-3
Auf die Ereignisse in Berlin hat Ulrich Schaffer ganz persönlich mit Texten reagiert. Sein Buch macht deutlich, daß es letztlich keine Trennung zwischen der politischen und zwischenmenschlichen Wirklichkeit gibt.

Ulrich Schaffer · Chancen der Offenheit
Briefe, die befreien
192 Seiten, kartoniert
ISBN 3-7831-1021-1
Mit diesem Buch werden Leserinnen und Leser ermutigt, selbst Briefe zu schreiben, um ganz spezifische Mißstände im eigenen Leben zu klären und vielleicht hier und da eine Not zu wenden.

Ulrich Schaffer · GrundRechte
Ein Manifest
96 Seiten, kartoniert
ISBN 3-7831-0948-5
Ulrich Schaffer formuliert mit seinen Grundrechten eine Erinnerung an menschliche Möglichkeiten und eine Anstiftung zu einem bewußteren Leben, das sich kreativ in Gemeinschaft verwirklicht.

Ulrich Schaffer · Neues umarmen
Für die Mutigen, die ihren Weg suchen
93 Seiten, kartoniert mit Klappen
ISBN 3-7831-0739-3
»Neues umarmen« zu schreiben war für mich ein Stück Befreiung von einer beengenden Art, zu leben und zu glauben. Ich bin wertvoll, darf mich mögen und brauche mich nicht von der Angst beherrschen lassen.